JN410696

현대문예 작가선 · 165

마네킹 연가

| 고명순 제2시집 |

현대문예 작가선 · 165

마네킹 연가 | 고명순 제2시집

지은이 / 고 명 순
펴낸이 / 황 하 택

찍은날 / 2022년 11월 12일
펴낸날 / 2022년 11월 17일
발행처 / 도서출판 현대문예

주소 / 61479 광주광역시 동구 천변우로 361-6
전화 / (062) 226-3355　팩스 / (062) 222-7221
cafe.daum.net/ht3355
E-mail / ht3355@hanmail.net

등록번호/ 제05-01-0260호
등록일자/ 2001년 12월 31일

정가 15,000원
ISBN 978-89-94028-89-7

* 이 책은 김혜숙(박상욱), 김명지(방희경), 정현주 세 분의 기부금과 광주광역시 GWANGJU CITY 광주문화재단의 문화메세나 문화동행 광주 문화예술 기부금 매칭 지원사업으로 지원받아 발간되었습니다.

시인의 말

나와 약속하길 잘했다
열다섯 살의 꿈 작가
시른 살의 꿈 시사집
오랜 시간 간직한 꿈이
꽃을 피웠다
마네킹처럼 제자리에서
옷을 지으며 시를 지으며
사랑하는 사람들 생각하며
힘을 얻고 연가를 불렀다
항상 내 편인 가족과
응원해 준 모든 분들과
은혜 위의 은혜로 이끄시는
하나님께 감사가 넘친다.

가을 특별한 날 충장로에서
고 명 순

축하 글

미소로 사는 너

황 하 택

『마네킹 연가』 시집 책장을 넘기면 "미소로 사는 너" 싯귀에 취해 순간 작가의 모습이란

호르는 강물이 넘실거리는 길섶에 앉아서
꽃잎이 두둥실 아름답고 풍만한 삶이 떠오른다.

작가의 미모와 같이 시문詩文 한 행 한 행마다 생명력이 있는 시어詩語들이 어찌 시인의 마음 아니겠느냐……

그러하듯 법구경法句經에 "영혼이 새벽처럼 깨어 있는 자", "참을성이 강하고 고개를 숙일 줄 아는 자" 이런 사람을 만나거든 그 뒤를 따르라는 말이다.

저 아름다운 별들을 따르는 달처럼……

뵐 때마다 그립듯, 늘 행복하며 생명력이 있는 시집 출간을 축하드립니다.

축시__

고명순 시인

박 덕 은

태초에
천사의 깃발이
실고 있있다

순수의 징검다리
밟고 산책하다
다다른 나라

나풀나풀
동산의 향기 속에
둘러싸인 시절

스치는 노래마다
재단하여
꿈옷을 만들었다

창문 열 때마다
휘그르 몰려오는
시신 비둘기들

낭만의 깃털로 받아
나풀나풀
천상으로 날려보내고

향긋이 감성 휘감아
가장 우아하게 빚어낸
시낭송을 무대에서 펼친다

방방곡곡
행복의 쉼터를
빛깔 곱게 내려앉히며

해맑은 기도로
속깊은 하늘의 뜻을
소롯이 감싸 안으며.

/ 마네킹

2 연가

3 비행기에서

4 삶

5 젖몽오리

마네킹

마네킹

유혹해놓고
정작 다가서면
마음 한 조각
주지 않는 너

안타까움에
차디찬 손 잡으면
슬그머니
돌아서는 너

흔들리지 않고
제자리 지키며
하루하루 간직해온
미소로 사는 너.

여정

가파른 길 오를 때도
응원의 손길 함께한다
힘들고 지쳐도 웃으며
손잡고 걸어갈 수 있다.

마네킹 · 2

발에 못 박혀
함께 못하는
몸 하나

귀 기울이니
거꾸로 흐르는
강물 있어

까아맣게 탄
가슴 보듬고
서 있다.

마네킹 · 3

앞만 보고 살다 보면
반듯하게만 가다 보면
그저 평평한 대로大路가
기다릴 줄 알았어

팔과 다리
마음까지 굳어
박혀 버린 몸
더 이상 달릴 수 없어

꽃 피우던 날 그리워
텅 빈 가슴에 찬바람 안고
외로이 남겨진
꿈 하나 좇고 있어.

마네킹 · 4

그때 그 자리에
그대로 있을게
추억이 손짓할 때
언제든 돌아오면 돼

그때 그 자리에
그대로 있을게
괜히 떠났다 후회할 때
언제든 다시 오면 돼

그때 그 자리에
그대로 있을게
힘들어 울고 싶을 때
언제든 쉬러 오면 돼

그때 그 자리에
그대로 있을게
갈 곳 없어 외로울 때
언제든 찾아오면 돼.

유혹

네 마음속 열고 들어가면
편히 쉴 곳 있을까
후회는 없을까
손짓하는 널 어쩜 좋아.

마네킹 · 5

한 친구가
찾아와
엉엉 울었다

가고 싶어도
갈 수 없고

울고 싶어도
웃어야만 하는

바로
내 앞에서

밤낮
홀로 서 있는
내 앞에서

행복에
겨워 겨워서
친구는
엉엉 울었다.

마네킹 · 6

벽 하나 세워 놓고
이름 부르지 못한 채

수없는 얼굴들
길을 걸어간다

수없는 낮과 밤
숨바꼭질 하며

오늘도
굴레에 갇혀

이제나 저제나
기다리고 기다리며.

소통

당신이 노래하면
기꺼이 따라 부를게요
뜨거운 마음 보내면
함께 춤추며 행복할게요.

마네킹 · 7

저기
흔들의자에
기대어 앉고 싶지만

먼 길
돌아
돌아가는 길

자식들 눈에 밟혀
차마 던지지 못한 사직서
품고 사는 아버지처럼

반듯이
몸 세우고
묵묵히 걷는다.

마네킹 · 8

텅 빈 가슴 안고
날마다 날마다
제자리에 서 있는 건
뒷모습 슬프게 떠난 그대
행여나 다시 올까

굳어 버린 가슴으로도
날마다 날마다
웃으며 살아가는 건
어디선가에서 헤매는 그대
행여나 다시 올까.

마네킹 · 9

오늘도
남의 옷을
입고 서 있다

뜨거운 심장도 없으면서
얼굴엔 웃음을 색칠하고
어서 오라 손짓한다

유혹하는 몸짓은
부러움이 되지만

딱딱하게 얼어 버린 마음엔
들킬까 조바심이
늘 담겨 있다.

마네킹 · 10

촛불 광장에
마음만 보내고

어둠을 향하여도
기도만 보탤 뿐

꽉 막힌
일상 속에서

오늘도 여전히
속울음만.

마네킹 · 11

오늘은
나에게서
탈출을 하자

오늘만은
진하게
화장도 하자

여왕처럼
머리를 올리고
땅에 끌리는 드레스를 입자

우아하게
외출하여
궁중 요리를 먹자

어두워지면
사랑에게
전화를 하자

세상에서
가장 멋진
고백을 하자

활활 타오르는
열정의 이름을
불러 주자.

메모리얼커티스

백 년 전 태평양 건너
양림동에 온 사랑꽃
어둔 밤 밝히는 수호신.

숙명처럼

꽁꽁 묶여 있어도
영혼만큼은 자유롭다
서 있는 그 자리에서
꽃피우면 되는 것을

마네킹 · 12

쇼윈도우에서는
울고 싶어도
웃는다

슬픔이 복받쳐
참을 수 없을 때도
목울음 감추고
분칠한다

의자가 앉으라
손 내밀어도
앉을 수가 없다

하이힐 속 발가락들
숨 좀 쉬게 해달라고 아우성쳐도
못 듣는 척한다

눈칫밥과
소리 없는 통곡으로 배부르면
도끼눈 잠시 피해

어두운 계단 친구 삼아 다독인다

홀로 있을 때조차
반듯이 고운 자태 간직하며
손님 기다린다

아무도 위로해 주지 않지만
멍든 가슴 다독이며
꿈 하나 간직한 죄로
종일 웃으며 서 있다.

마네킹 · 13

제자리에 서서
주어진 일 하며
여기까지 왔다

세사의 달콤함에
귀기울일 때마다
뛰쳐나가고 싶었다

움직일 수 없는
발걸음으로
홀로 울음 삭였다

기적처럼
육십이 지나고
먼 세월이 속히 달려왔다

자식의 자리에서
어미의 자리에서
나의 일자리에서

지금 이 자리에
이 모습 이대로
서 있으면 잘 산 게지.

삶

외로움 깨닫는 것
홀로 서서 기다리는 것
하루 하루 잘 견뎌내는 것

기도

피아노 건반 위
손가락이 뛰놀 때마다
아름다운 소리 내듯

나의 삶도
가는 곳마다
기쁨으로 춤출 수 있기를

누구에게든
미소로 다가가
꽃피우는 발걸음이기를

어디서든
낮아져
향내 나는 모습이기를.

오늘은

G선상의 아리아 들으며
가슴을 씻어내자

오래도록 입어
편하고 정들었지만

다 벗어 버리고
알몸으로 다시 서자.

나의 하루

옷을 짓다가
시를 쓰다가
시디신 외로움
아른아른 숨긴다

옷을 짓다가
시를 쓰다가
쓰디쓴 추억
꿀꺽꿀꺽 마신다

옷을 짓다가
시를 쓰다가
달디단 행복
살랑살랑 날린다.

성형 수술

오늘날
보이지 않는 것보다
보이는 것이
재빠르게
지배하고 말았다.

나의 작업실

예쁜 선율로
옷들을 깨우고

반겨 주는 커피잔에
사랑의 향 가득 채우고

실루엣들은
얼굴에 웃음 가득 머금고

흐르는 기쁨은
찾는 발걸음에 입맞춤하고

바라만 보아도 가슴속까지
알아차리는 눈빛에 감사하고

그리움 읊조리는 자투리 시간조차
어느새 시 한 편이 되고.

2

연가

연가

금남로에 오면
아줌마에게 물어 보라

손에는
무엇을 쥐고 있는지

한 줌 펴면
정치가 낯붉히고

또 한 줌 펴면
경제가 통통 튀고

또 한 줌 펴면
뜨거워진 그리움이 몸부림치고

또 한 줌 펴면
사랑의 별빛이 반짝이고.

연가 · 2

맛있는 음식을
친구들 수다에
버물려 먹고
만삭의 배가 되어도
좋다

한 잔 막걸리에
투박한 노랫가락으로
흥얼흥얼
천하가 다 내 것이 되어도
좋다

온 세월
다 짊어진
리어커 다시 끌다가
불꺼진 방에 들어도
좋다.

연가 · 3

충장로 모퉁이에 앉아
날개를 꿰매고 있다

날고 싶어 퍼덕일 때마다
조금씩 찢어진
그 슬픔의 날개를

연인이던 날의 향기로움
주머니 속에 손 넣어
가끔씩 만져 보면서

닳아 떨어진 꿈조각
맞춰 가며
한 땀 한 땀
그 상처의 날개를.

축복

마음 가득 꽃 피워봐
저절로 향긋이 웃게 되고
온 천지가 아름답게 보여.

연가 · 4

미싱바퀴가 돌아간다
빙글빙글

돈다는 건
가고 다시 온다는 것이다

어제도 오늘도 내일도
만날 사람이 있다는 것이다

쉬지 않고 돌고 도는
그 속에서

나의 추억은 철들어 가고
우리의 웃음도 살아서 나온다

날개가 돋을 때까지
하늘에 닿을 때까지
빙글빙글.

우물 안 개구리처럼

저 조그만 곳에서
잘났다고 큰소리 쳤지

연가 · 5

– 박인태

세계 곳곳을
나비 되어 날으며
잠시 내려앉는 곳마다
향기 뿌려 꽃을 피운다

부르기만 하면
천리길 마다않고 달려와
손과 발로 사는
향기

만나면 누구든 훈훈해져
부자로 만들고
머리를 절로 숙이게 하는
성전 같은
향기.

연가 · 6

실집에
옹기종기 모여 앉아
뜨게질 하는 여인들

미소 가득
떠아 올린다
한 올 한 올

부부의 사랑
자식의 순정
손주의 재롱
콧노래로 엮다 보면

어느새
모자가 되고
목도리가 되고
옷이 되어
노래 부르고

어느새
노을빛도
엉덩이 춤으로
노래 부르고.

연가 · 7

새벽이 눈꺼풀을
다시 깨우는 시간

편두통의 하루가
펼쳐진다

뒤돌아보지 않고
달려가는 살얼음판

그 위로 지나가야 한다면
기꺼이 걸어나가자

반올림 음표 하나
손에 쥐고서.

의자에 앉으소서

온 향기 받으실 그대여
늘 축복하신 그대여
끝까지 함께하실 그대여.

연가 · 8

음률 찾아
헤매고 있다

굶은 자
노래 잃은 자
과제처럼 어깨에 메고

거센 물살 속에서
빛을 향하여
거슬러 오르며.

그대여

어서 오세요
제 맘 닫히기 전에
이제나 저제나
이렇게 애타게 기다리고 있어요

연가 · 9

가까이 할 수 없다고
늘 등 돌리고 싶었던
당신

끝까지 쫓아와 잡아 준
눈부시게 친절한
당신

이제는 잠시라도
떨어져 살 수 없는
당신

당신을
깊이
껴안습니다.

연가 · 10

에움길 돌아 돌아서
이제야 당신 품에 안깁니다

언제든 오라 손짓하는 당신
먼먼 시간 기다려 준 당신

모든 게 상처였던
짐 다 내려놓고

당신의 심장에서 내뿜는
기묘한 향내음에 취해

나의 영혼은
즐거이 노래를 부릅니다.

바벨탑

서로 키재기 한다
도대체 어디까지 높아져야
만족할 수 있단 말인가.

짝사랑

주머니 탈탈 털어 만든
화려한 밥상이
보고픔 조이며
기다리고 있었다

홍조 위에 던져진
한마디
"오는 길에 친구랑 먹었어"

홀로 앉은 외로움은
메마른 눈물만
잘근잘근.

광주천 연가

백로 한 마리
세찬 물결 위에
외발로 서 있다

하얀 거품 닮아
더욱 외로운
저 사랑

졸졸졸
읊조리는 이야기에
곡선의 모가지로 화답하며

날마다
날마다
그 자리에 머물러

끝까지
고향 지킨
울 할머니처럼.

들꽃

아무도
찾지 않아도

아무도
칭찬하지 않아도
늘
기쁘다

마음속 금고엔
보화가
가득차 있으니까.

히야신스

고 작은 입 속에서
흘러나오는
진하디진한 노래

우아한
몸짓은
아닐지라도

그 어떤 찬양보다도
아름답고 기이한
향내음.

고물상

평생 달리며
남은 빈 껍데기
그래도 한 생 끝까지
포기할 수 없다.

모정母情

논산 연무대의
첫날밤을
근심으로 뭉쳐
덮고 베고
노루잠 잔다

살점
떨어져 나간
자리

밤새
뒤척이다 울먹이다
눈으로 덮는다.

마늘씨

한동안
사랑 주지 못한 추억

손길 기다리다
그리움 싹 틔우고 밀었다

새싹 키운 만큼
오그라든 어미 몸뚱이

나는 죽어도
새끼는 살아야지.

믿음

오래도록
변치 않는 사랑으로
그 자리에 서서
기다려 주는 당신

씨앗의 말

보잘 것 없는 모습이라고
함부로 말하지 말아요

제발 눈에 보이는 대로
서둘러 말하지 말아요

동그라미 속에 갇힌 이름
슬퍼도 포기하지 않아요

겉모습 못났다고 외면해도
가슴속엔 큰 나무가 살아요

비록 눈에 띄지 않을 정도로 작지만
새들이 깃들어 노래할 날 담겨 있어요

옷 입고 부드러이 걷는 연습하며
한결같이 고운 꽃으로 피고 말 거예요

아하

쌓이고 쌓인 조바심
잠 설치더니
거울 앞에 벌겋게 부은
얼굴 데려다 놓는다

출근길에 피부과 들러
짜증 섞인 넋두리
왜 괜히 이러지?
뭘 잘못해서 그러지?

굴러오는
답변 한 마디
살아 있으니까 그런 거지

손바닥 뒤집듯
걱정은 곧바로
웃음이 된다.

넝쿨손

아주 가냘픈
손짓 하나
앞장서서 더듬더듬

어여쁜 기쁨도
주렁주렁 매달려
군말 없이 따라가고 있다

맑은 영혼의
가느다란 끈 따라
기꺼이 하늘 끝까지.

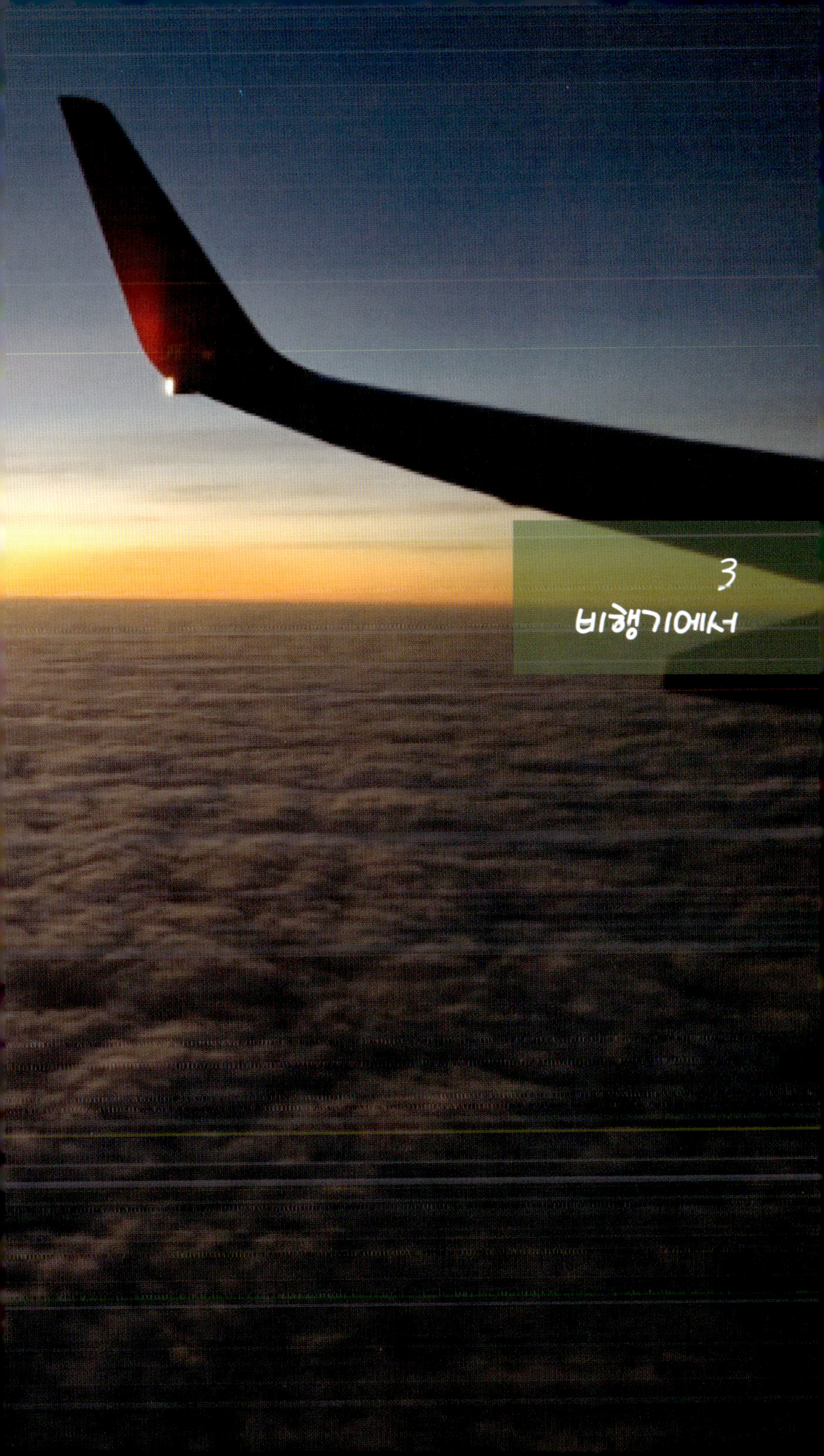
3
비행기에서

비행기에서

아둥바둥하던 추억들이
고운 옷 입고
창공 속으로 헤엄쳐 간다

손가락질하던
못난 물음표들도
부드러운 웃음으로 감싸 안고
함께 날고 있다

옆에 앉은 정겨움도
편안한 얼굴로
미지의 그곳을 탐험하고 있다

알 수 없는 땅을 찾아 떠나는 그 마음
광야 생활 후 바라본
가나안 땅

두근거림은 신과 함께 날으며
황홀한 선물로
미리 천국을 맛본다.

증도

저 개펄의 너비만큼
당신을 사랑해요

저 소금밭의 길이만큼
당신을 사랑해요

저 바다보다
더 넓은 축복의 땅

그만큼
당신을 사랑해요.

장미

가까이 다가온
그리움

또
찔리어

상흔 하나
보태면

가시 달린
슬픔 보듬고서

맨 가슴은
더 아리다.

꽃차

맑은 유리잔에 앉아
환하게 웃는
추억 한 송이

가슴속 깊이 깨어
나래 펴더니

지나가 버린 계절도
서럽지가 않은 날

잊지 못할
그대가 되었네

열매 맺지 못한 설움이
한 편의 시로 피어나듯이.

제비꽃

보랏빛
여린
몸짓으로

봄을
통째
가져다 놓고

시치미
떼고
앉아 있다.

날고 싶다

봄만 돌아오면
움이 돋으려는 듯
내 날갯자리가 몹시 가렵다.

산벚꽃

순간의 환희로
봄앓이만
주고 떠난 날

넋 잃은
외로움
먼 산 바라보면

어린 시절의
까까머리
그 부스럼들
온 산에 피어난다.

백목련

온마음으로
두 손 모아
기다리는 모습
어찌 저리 정갈할까

한마음으로
함께 모여
봄맞이 특별기도회
어찌 저리 고울까.

그렇고 말고

사랑 하나 벙글어져
품에 안겼다
온 세상이
내 것이 되었다.

손주 탄생

어여쁜 우주 하나
벙글어졌다

온천지가
환한 웃음을 웃는다

세상으로의
첫 외출

적응해 가는
저 조고만 입술

아름다운 별나라
이루기 위해

민 길 와 준 요정
신비 중의 신비

꽃길루 꽃길루만
걸어가거라.

어린 아이

혼자서는
아무것도
할 수 없어도

울고 싶으면
울고
웃고 싶으면
웃는다.

어린 아이 · 2

엄마랑
함께 있으면

모든 걸
가진 듯

봄처럼
활짝 웃는다.

사랑이야

마음에 둥지 튼 너
차가운 가슴 부드러이 녹여 준
참 따스한 너.

네 맘 다 알아

똘이가 낳아 젖 물려 키운
복둥이 독립하는 날
밤새 엄마 부르는 소리
잠 한숨 못 자도 나무랄 수 없다

처음 집을 떠난 날
온통 머릿속엔 우리집뿐
할 수 있는 일은 하나도 없었다

저 산 뚫으면 보일 텐데
날마다 싸우던 동생 얼굴도
헛간의 퀴퀴한 거름더미도
하룻밤 자고 집으로 가고 말았다

공황 상태이다가 좋아졌어요
그 한마디에 몇 날 며칠 울었다
창자가 끊어지게 울고 또 울었다

오늘밤 다시 그날 되어
엄마 품 그리는 저 울음소리
너무 너무 짠해서 함께 울고 있다
제발 울지 마.

봄비

꽃몽오리 벙그는
속삭임으로

사랑사랑
내려앉아

새싹 돋는
웃음소리로

귀를
즐겁게 하는데

내 맘 속 심은 나무엔
언제쯤 움 틔우려나.

봄날인데

꽃놀이 약속도
여행 같은 휴식도
옆의 신음소리가
다 삼켜버렸다

친구에게

황량한 벌판에서
눈보라 견디고 있는
겨울나무여

온몸의 상흔
숨기지 못하고 살아가는
자작나무여

서로 부딪히며
제 살 깎아 둥글어지는
몽돌이여

앙상한 뼈만 남아
담벼락에 붙어 있는
담쟁이 넝쿨이여

죽음 이후의 부활 꿈꾸며
그저 하루하루 사는 게지
봄의 잉태가 어찌 쉽겠는가.

고로쇠 나무

혹독한 날들
벌거벗고 견디며
수양 다 닦고는

겹겹 고인
가슴속
응어리까지

고개 너머 또 한 고개
쓰리고 아픈
상처까지

비워내고
비워내는
그대.

이팝나무

겨울에 시작 되어
설렘으로 쌓인
하얀 그리움

황야를 떠돌며
지친 영혼들에게
수북이 위로를 주다.

수평선

가느다란 선 하나로
전혀 다른 두 세계가 펼쳐진 곳

한 발자국 사이로
극과 극의 세계가 늘어선 곳

현실과 꿈 경계에서 헤매던
슬픈 전설이 가슴 찢는 곳

순수 한 올 견져 올리며
때늦은 회한으로 울고 있는 곳.

차향

마음 닫혀진 거리에서
외로이 헤매는 저녁

달콤한 밀회와 언어들은
찻잔 속에서 하품을 하는데

다 볼 수도 없으면서
다 알지도 못하면서

부끄러운 몸짓은 오늘도
작은 십자가가 되고 싶다.

석류꽃

스무살 주홍빛이
진초록 바다에 안겨
살며시 고개 내민다

오랜 동안
움츠려 핀 고운 자태
다소곳이 웃는다

유월 한낮에
알알이 보석알 그리며
오수를 참아낸다

오늘도 나는 왜?

가진 게 많다고
잘 사는 건 아닐진데
가진 게 크다고 행복한 건 아닐진데.

그리움처럼

두드리면 열린다더니
아무리 두드려도
열리지 않는 문
꼭 입 다문 그대여.

4 삶

삶

온갖 치장하고
뭇 시선 사로잡으면서도
창밖으로 외출할 수 없어
안타까워하는
마네킹.

삶 · 2

온갖 아름다움을
스쳐 지나면서도
탈선해 보지 못해
목쉰 울음 우는
기차.

새벽 기도

동트기 전
샘물 길으러 나가는
어머니 발걸음

자식들 길러내며
이웃의 길 놓는
그 맑디맑은 물

단잠 깨워
좁은 골목 닦는
사랑의 향기

그 그늘 아래
기쁨 잉태하는
두 손 맞잡는다.

엄마

오 남매 둘러메고
걸은 길

힘줄이 닳아 끊어져
이제는 더이상 갈 수가 없다

팔십 평생을
주는 법만 배워서

내려놓지 못한
그리움

병상에서도
멍울진 가슴 감추려고
입가에 미소만 그리고 있다.

세 자매

큰딸은 패션디자이너
둘째딸은 경찰
세째딸은 간호사

나의 딸

열정 들끓던 날
신비를 물고 온

늘 따사로이
탐스런 웃음 안겨 주는

떠올리기만 해도
설레는 가슴으로 다가오는

미지의 세계 누비며
마음 바구니 채워 주는

세상 한가운데서도
때묻지 않고 걸어가는

살아갈 이유 되어
싱그럽게 숨쉬게 해주는.

며느리 밥상

큰 접시들 새 옷 입고
자태 뽐내며
화려한 향연 펼친다

몇 날 며칠 가슴 조였을 그 정성
흩뜨리기 아까워
젓가락 뻗을 수가 없다

영원한 행복
긴 조바심으로 지은 기쁨

눈 깜짝할 새 어른이 되어
앉은 채 받은 사랑의 수고
기도에 버무린 천국맛.

숭어 한 마리

저 멀리 바다에서 온
눈 벌겋게 뜬 물고기

자기 몸 죽여서
다른 몸 살리는 성인

먹이사슬에 걸린
어찌할 수 없는 순종.

누룽지

눈발 날리는 아침
쌀뜨물로 끓인
구수한 시 한 편 건져 먹고 있다

햅쌀 나오는 이맘때면
할머니가 걸죽하게 끓여 주던
행복 한 사발

식탁 위에 음표 달고
날으는 한마디
"가마솥 누룽지는 얼마나 더 맛있겠어!"

할아버지 상, 아버지와 아들 상,
머슴 상, 여자들 둥근 상
안방에 줄줄이 상이 차려지면

나는 오늘도 어린아이 되어
미소 훔쳐보며
넘치는 호사 누리고 있다.

숲

고고한 자태로
외로이
서 있는 것보다
여럿이 뒤엉켜
몸 부비며
사는 게 좋다

내 이름
없는 거 같고
내 색깔
적은 거 같아
서러울지라도.

일몰 · 1

붉은 열정
그리
많이 가두어

얼마나
무거웠을까

이글거리다
폭발해 버려

천지가
온통
황홀한 울음판이다.

일몰 · 2

칠산 바다 저 멀리
마음 비우고 낮아져

붉은 융단 깔아 주니
황홀한 절정 눈을 감는다

오늘은
다 사랑하지 말자.

청산도

배들이 길 잃은 바다는
절벽 위에서
내려다보고

저미는 한 품고
소리하며 춤추던
눈 먼 여인의 영혼은
길게 길게
돌담으로 쌓아 올리고

천천히 천천히
저물어 가는
짙푸른 보리밭은
큰 파도 되어
몸부림치게 하고.

알고 싶다

당신의 깊은 마음속에는
무엇 무엇이 담겨 있는지
지금 당장 들어가 보고 싶다.

합격

기인 터널을
지나와 꽂은
깃발

길은 보이지 않았지만
있다는 걸 믿고 달려온
확신

쉬지 않고 재촉을 했고
간절히 찾게 된
꿈송이

숨이 멎는 순간
문득 내려온
동아줄

초조한 마음에 내린
환하디환한
환희.

백담사 가는 길

잠 설친 설렘
눈꽃 흐드러진 한계령을
단숨에 넘는다

옆구리 간지럽히는 노래는
하얀 바위 사이로
쉼표 없이 흐르고

발걸음은
게을러져
웃음보따리 풀어 놓고

숨결은 아직도
고요한 시 한 수 읊조리며
높고 높은 돌탑을 쌓고

먼 길의 추억도
연못 머문 곳에 누워
포옹하고 있다.

자화상 · 1

완성되지 못한 채
뜨락에 서서
반세기를 살아낸 너
아직도 꿈꾸고 있나.

자화상 · 2
– 양

절대
혼자 살 수 없다

머리도 나쁜데
고집도 세다

언제 어디로
갈 줄도 모른다

내버려두면
그대로 죽고 만다.

걸어 보라

고향 그리워
울고 싶은 날에나

누군가 보고 싶어
눈이 짓무른 날에는

무등산의
잣고갯길을 걸어 보라

천천히 아주 천천히
약속의 다리 건너다 보면

어느새
아리따운 추억으로
행복하게 되리

더끔 더끔
후회하며 걷다 보면.

소나기에

피하지도 못한 채
온몸이 다 젖어

가슴속까지
다 젖어

상처 더욱
쓰라리다

무거운 응어리
마구 토하고 나면
다시.

오남매

이토록
행복한 사랑
또 있으랴

지금까지 버텨온 끈
웃음 술술
행복 술술

이보다 더
아름다운 시간
또 있으랴

언제나 마음에 가득
만나면 온통 빛으로 튄다
오늘 반짝
인생 반짝

이렇게
신나는 희망
또 있으랴

변하지 않는 청춘
이 모습 그대로 백수까지 가잔다
평생토록 졸졸
천국까지 졸졸.

노심초사

다 내어 주고픈 마음
자식들 어찌될까
근심 걱정하다가 그만
노부부 가슴속 다 녹아 버렸다

8월 18일

너른 그늘 만들어 쉬게 하고
바람막이로 살던 큰 나무
쓰러진 날

하늘도 울고 땅도 울고
온천지가 중심 잃고
휘청거린 날

선구자 중 선구자
서민 중의 서민으로 살던 님
거룩한 꽃으로 핀 날

캄캄한 세상에 살면서
무지개 빛깔에 눈시울 적시던 님
하늘길로 오른 날

너무 높아서
때묻은 세파 한탄하던 님
빛으로 살다가 떠난 날.

5
젖몽오리

젖몽오리

열 살 딸아이가
가렵다며
가슴 긁어댄다

엄마 걱정에
잡혀지는
몽글몽글한
수줍음 두 개

살포시 번지는
부끄러운 미소

애야 괜찮아
꽃이 피려는 거야.

단풍

봄에만
꽃피우라는
법은 없다

나이 많다고
꽃피우지 말라는
법도 없다.

꽃무릇

오랜만에
어머니께 전화 드려
꽃 보러 갑시다 하니
뭔 꽃?
그냥 싫단다 하신다

하긴
사랑 한 번 제대로
못해 본 사람들이
그리워나 하겠나
애타는 맘 있기나 하겠나

사랑도 모르는
단둘이서
꽃을 보러 갔다.

상사화

매번
외로운 길
되돌아가야 하는

긴 목 빼고
서러운 몸짓으로
살아가야 하는

붉은 족두리 쓰고
맵시 예쁘게
서 있어야 하는

허리 곧게 펴고
부르다 지쳐
울며 가야 하는.

단풍의 말

추한 모습으로
매달려
발길로 채이기 전에
스스로 낙향하여
아름다운 인생으로
마무리 하자

초가을 산

진초록 열정으로
충만하게 살더니

아직도
못 다 이룬 꿈 있어

첫날밤 기다리는
새색시처럼

볼그레한 얼굴로
웅크리고 있다.

반달

초가을 바다에
조각배 하나
노 젓고 있다

살아온만큼
살아야 할 날 있어
추억인 듯
희망인 듯

그리움 한 페이지에
차가운 눈웃음으로
흐르고 있다.

고향 마당

주룩주룩
추억이 쏟아지면

빗물이
작은 사랑으로 모여들고

우리는 첨벙첨벙 뛰어들어
신나게 헤엄치며 놀았다

흙탕물이라도 좋았다
밥을 안 먹어도 좋았다

여름마다 두어 번씩
태풍이 선물로 준 풍경

그곳에서 우리는
마냥 즐거웠다.

코스모스

사랑스런
이름 가진
축복으로 태어나

거센 바람에
흔들리며
살아가야 하지만

어제도 오늘도
웃으며 이겨내는
가녀린 꿈 하나.

가을 사랑

이파리 몇 닢 남은
앙상한 가지에
철새 한 마리 날아와 앉는다

이 가지 저 가지
옮겨 다니며
마구 흔들어댄다

이파리의
메마른 가슴이
쿵쾅거린다

곧 떠날 줄 알면서도
얼굴 빨개져
정신없이 흔들린다

그늘도 만들지 못하고
열매도 없는데
어찌하라고 어찌하라고.

네모의 꿈

그 옛날 가득 채웠던 영광
곳곳에서 노래하던 환희
다 어디로 갔는가
이제 텅 빈 추억뿐

금강산 상팔담

지쳐 쓰러지도록
태곳길 걷고 걸어
천사의 품속에서
마침내 만난
순수의 눈동자

우울증

지금도 가는 곳이
어디인 줄 모를 때

내가 누구인지조차
알 수 없을 때

아무리 달콤한 말도
쓰디쓸 때가 있습니다

보고 싶다는
그토록 아름다운 말에도
상처가 되는 날이 있습니다.

폭설 속에서

큰길 내다보고
일 교시 수업이라며
발만 동동거리는
두 딸

무작정 태우고
앞유리에
동그란 굴 하나 파고
백미러도 없이
차를 몰았다

내가 아니었다
자식들을
목숨처럼 아끼던
나의
어머니였다.

겨울 한라산행

한 걸음 오르면
한 걸음 밀리고

또 한 걸음 오르면
또 반 걸음 밀리고

가슴속에는
진땀이 범벅이 되고

머릿속에는
하얀 얼음꽃 피고

눈향나무는
낮게 낮게 누워 있고

구상나무는
손에 손 잡고 군무를 추고 있고

발걸음 달래어 들어선 윗세오름 컵라면집은
하산길 걱정을 먼저 마시고 있고.

겨울밤

돌아오라 돌아오라
아무리 소리쳐도
소용 없는 밤

그대 떠나던 날
나의 뒷모습이
이토록 차가웠을 테지

고장난 보일러가
詩 한 수로
호되게 꾸짖고 있다.

그날

함박웃음으로
가슴 가득 선물 안고
눈사람 되어 서 있던
대문 밖 그 사람

차갑게
외면해 버린
그날

그래서
강산이 몇 번씩
변한 지금도
벌 받는 것이겠지

함박눈 내리는 날
몸서리치는
이 외로움으로.

가로등

하품하는 넋두리
등에 짊어지고
토닥토닥 걷는다

걸음 걸음
비웃으며

뼈저리게
외로워하면서
바보처럼 걷는다.

귀가歸家

"무서우니 빨리 다녀라"
"도시에도 귀신이 산다요?"
"귀신이 무섭다냐? 사람이 무섭지."

수년간
이해할 수 없었던
그 말

가로등 환해 더 무서운 밤을
두리번거리며
터벅터벅 걷는다.

저녁 풍경

오늘도 무사히 하루 보내고
평안 속에서 쉼 맛보는 시간
무한 감사의 마음 푸르게 흐른다.

또다시

쉬지 않고 달려와도
아쉬움은
목울대까지 솟구치고

따라잡지 못하는 시간들에
얇은 가슴만 콩닥거린다

늘 그랬듯이
빈 들판에서 그리운 얼굴 위에
씁스레한 웃음 하나 얹어 본다.

무엇하나

아무리 황홀한 영화 누린들
온 나라 차지하고 호령한들
높은 빌딩 너른 집 배불린들.

깨달음

낮게 엎드리면
바닥이 보이고
비로소
딛고 일어설 수 있다.

바보

퇴근 무렵 함께 일하는 동료 디자이너에게 부탁한다
백화점 슈퍼에 가서 시장 봐 와
요리는 어떻게 하는지 알려달라고 한다
다녀오더니 오늘은 젤 쉬운 거 사왔어요
그래 고마워 어떻게 하는 건데?
그냥 가서 굽기만 하면 돼요
오 그래 좋다 고마워
다음날 아침 포장을 여니 예쁜 고등어 한 손이 웃고 있다
요즘은 이렇게 다듬어 놓고 파는구나
바로 굽기만 하면 되니, 바로 나를 위해 만든 거구나
행복에 버무려 노릇노릇 구워진 고등어를 접시에 올렸다
남편이 한 점 떼더니 왜 이리 짠 걸 사왔나
몰라 내가 산 거 아니라서
나 혼자 몇 점 먹다가 점심에 먹으려고 도시락에 넣었다
점심 먹으면서 왜 이리 짠 걸 사왔냐고 동료에게 혼내듯이 물었다
몇 점 떼더니 이상하다 이렇게 짜진 않을 텐데

연신 고개 갸우뚱하더니 혹시 안 씻었나요
언제 씻으라 했냐 그냥 가서 구우라 했지
둘은 아무 말도 않고 간고등어에 점심을 먹었다.

바보 · 2

출근길 같이 가려고 친구집에 들렀다 자기가 외출 준비를 챙길 동안 먹고 있으라며 큰 접시만 한 부침개를 부쳐 준다 전을 무척 좋아하는 나는 만면에 미소 섞어 신나게 흡입했다 아침을 먹었는데도 부잣집 맛은 이렇구나 음미하며 행복하기만 했다 그런데 무슨 좋은 것을 넣었기에 이리도 새콤하게 맛있을까 음식 만들기에 젬병인 나는 그 맛이 뭔지 도무지 알 수 없었다 그저 맛있기만 했다 몸에 좋은 뭔가가 들어 있다는 생각에 행복은 두 배가 되었다 다 먹고 손바닥만 한 전 귀퉁이 남았을 때 예쁘게 차려입은 친구가 거실로 나왔다 맛있냐고 묻는다 어, 넘 맛있어 하니, 그녀가 한 점 떼어 먹다 말고 갑자기 접시를 빼앗아 달아났다 난 왜 그러느냐며 접시를 빼앗으려고 뒤따라갔다 바보 같이 에고 바보 같이 하며 그녀는 나를 짠하게 쳐다본다 그 작은 전 조각을 다 못 먹어 나는 해종일 서운했다 나중에야 알았는데 그건 쉰 전이었단다 그래도 아까운 마음은 여전했다 쉬든 말든 맛있게 먹고 배 안 아프면 되는 거 아녀?

발문

문학박사 박 덕 은

한실문예창작 지도 교수
아프리카TV BJ, 전 전남대 교수
문학평론가, 시인, 소설가, 수필가
동화작가, 사진작가, 화가

고명순 시인의 시사집 출간을 축하하며

고명순 시인은 서른 살 때부터 사진에 두어 줄 시를 써서 회갑이 되던 해에 시집을 내고 싶었는데, 그 계획이 이제 이뤄지게 되었다며 행복해 한다.

"디카시가 저를 위해 생겼나 봐요."

그러면서 감사해 한다.

"게다가 박덕은 교수님의 평론을 받게 되었어요."

이게 넘치는 은혜라고 또 감사해 한다.

"서른 살에 취미로 사진반 활동을 하며 계획한 시사집 출간이라는 꿈이 이제서야 이뤄지게 되었어요."

이러면서 즐거워한다.

평생 '진주 패션'을 운영하며, 옷과 재단과 마네킹과 사랑에 빠져 지냈던 고명순 시인. 어느 날 그녀는 방송통신대에서 공부를 해야겠다고 마음을 먹었다.

그해 2월 초쯤 교과서 한 보따리를 받아들고 돌아와 탁자 위에 펼쳐 놓고 보니, 한숨만 쏟아졌다. 두꺼운 책들이 많아 두려웠다. 특히 '문화사', '컴퓨터의 이해' 등은 너무 어려웠다. 고민하다가 앓아누웠다. 다행히 마음을 추스려 공부에 적응하기 시작했다. 강의 시청, 요점 정리 등으로 난제들을 극복해 나갔다.

패션협회 모임만 남겨두고 모두 정리해 버렸다. 그 시절을 그녀는 이렇게 말했다.

"학생 신분이라는 그 자체만으로도 나는 천진난만하게 웃을 수 있었고, 다른 사람들의 젊음도 부럽지가 않았다."

날마다 밤 12시가 넘어서야 잠을 잤고, 시험 공부도 열심히 해 졸업을 했다.

그녀는 30대 초반 어느 날, 작은 시집 한 권을 만나게 된다. 전남대학교 박덕은 교수의 『사랑이란 것은』 시집이었다. 그녀는 10여 년 전에 방송통신대학교에 다니는 후배들 앞에서 그 시집과 관련해서 이렇게 말했다.

"그 시집은 예쁜 장미 사진 옆에 짧은 시구들로 만들어진 손바닥만 한 크기의 시집이었어요. 늘 핸드백에 넣고 다니며 읽는 중에 나의 꿈이 태동했지요. 당시 사진을 배우고 있었기에 사진 속에 좋은 시를 못 쓰면 한 줄 시라도 넣어서 회갑 때까지 완성하자고 맘먹었어요. 옷을 디자인할 때도 줄곧 시를 쓴다는 느낌으로 일했지요. 디자인 일과 글 쓰는 일은 창작이라는 걸로 시작하니, 여러 면에서 비슷했어요."

그녀는 방송통신대를 졸업할 즈음 지인의 소개로 평생교육원 시 낭송반에 들어가게 되었다. 무대에 올라가는 게 부담스러워 한동안 쉬기도 했지만, 시를 좋아했기에 다시 도전하여 극복했다.

2009년 3월 시 창작 동아리 〈한실문예창작〉에 들어가 공부하던 중, 시인으로 문단 데뷔하게 되었다. 이후 꾸준히 시 창작에 몰두했다.

하루는 그녀가 이런 말을 했다.

"회갑 때 시집 한 권 내리라던 30여 년 전의 꿈이 이제 초읽기에 들어간 것 같습니다. 그동안의 고통은 축복으로 가는 통로였습니다. 그 힘든 터널을 지나면서 감사를 배웠습니다."

지난 시간을 돌아보며 미소 짓던 그녀는 이렇게 마무리했다.

"인생 전체에서 힘든 일들을 재어 보니, 꽤 긴 것도 있었지만, 대부분 점 하나밖에 안 되는 것들이었습니다. 감사하는 마음과 사랑이 중요합니다. 나를 사랑하고, 내가 하는 일을 사랑하고, 내 곁에 있는 모든 것을 사랑하며 감사할 때 승리는 늘 그곳에 있었습니다."

이렇게 토로하는 그녀의 모습, 그녀의 마음, 그녀의 미소가 참 아름답다.

자, 그럼 지금부터 고명순 시인의 디카시 세계로 탐험을 떠나보자.

여정

가파른 길 오를 때도
응원의 손길 함께한다
힘들고 지쳐도 웃으며
손잡고 걸어갈 수 있다.

이 디카시에서의 시적 화자는 가파른 계단을 올려다보고 있다. 오를수록 숨이 가빠질 것 같은, 발걸음을 내디딜수록 생의 발바닥은

바닥으로 내동댕이쳐질 것 같은 그런 가파른 계단이다. 수많은 걸음들이 육중하게 오르내렸을 저 인생이라는 계단에는 다행히 이쁜 꽃 화분이 놓여 있다. 가파른 인생길을 오르다 지치면 꽃을 보며 위로받았을 것이다. 그 꽃이 상징하는 것은 무엇일까. 연인, 가족, 지인 등 사랑하는 사람들일 것이다. 마음을 내주며 응원해 주는 사람들이 있기에 우리는 또 한 계단을 내디디며 오를 수 있는 것이다. 그 내디딤이 한 층 한 층 쌓이면서 인생이라는 계단을 만들어 갔을 것이다. 사진 속 계단 오른쪽에는 난간이 있다. 내일로 향한 오름길이 버거울 때 저 난간을 잡고 오르면 힘들어도 잘 오를 것 같다. 난간은 오름길을 잘 오를 수 있도록 격려해 주는 응원의 손길 같다. 함께 손잡고 오르는 저 길, 그 계단을 오를 때도 사랑하는 사람들의 격려와 미소가 뒤를 받쳐준다면 문제될 게 없을 것이다. 힘들고 지쳐도 웃으며 손잡고 걸어갈 수 있을 것이라고 시적 화자는 말하고 있다. 긍정의 힘이 가득하다. 삶을 대하는 자세가 멋지다. 계단을 오르거나, 역경의 길을 갈 때나, 늘 긍정의 힘이 함께하여, 지치지 않고 여정을 마칠 수 있다면 얼마나 좋을까. 디카시가 독자에게 긍정의 힘을 심어 주고, 인생의 향긋한 열매를 맺어 줄 수 있다면, 행복하지 않을 수 없다.

소통

당신이 노래하면
기꺼이 따라 부를게요
뜨거운 마음 보내면
함께 춤추며 행복할게요.

이 디카시에서의 시적 화자는 굴뚝을 통해 소통의 미학을 설파하고 있다. 아궁이와 굴뚝을 통해서 소통에 대해 얘기하고 있다. 만약 아픔의 불을 지피는 아궁이에서 슬픔을 태우면 굴뚝은 속까지 까맣게 타 함께 울 것이다. 하지만 향긋한 솔가지가 노래하듯 아궁이에서 불타오르면 굴뚝은 그 노래를 받아 흰빛으로 흥얼거릴 것이다. 참 아름다운 소통이다. 우리의 소통도 저와 같다면 얼마나 좋을까. 굴뚝과 소통을 연관 짓기하여 새로운 해석학을 내놓아 멋지다. 소통이 끊긴 인간관계는 빈집의 아궁이와 굴뚝 같아서 불을 지필 솔가지도 없고 흰빛의 흥얼거림도 없어 적막할 것이다. 적막한 공간 속으로 들어서기 전에 소통의 끈을 놓지 말아야 한다. 소통을 통해 당신의 노래와 나의 춤이 함께 어우러져야 인생은 아름다운 거라고 이 디카시는 말하고 있다. 사진 속 굴뚝이 있는 저 정자에서는 조선의 문인들이 시조를 읊었을 것이다. 아궁이처럼 타오르는 시조의 노래에 길 가던 나그네도 발걸음을 멈추고 흰빛의 시조로 화답했을 것이다. 시조로 서로의 마음을 소통했을 조선의 멋이 느껴져 멋스럽다. 소통은 이렇듯 당신이 노래하면 기꺼이 따라 부르겠다고 한다. 또 당신이 뜨서운 마음을 보내면, 함께 춤추며 행복하겠다고 한다. 마음이 함께하면, 함께 춤추며 행복하게 살아갈 수 있다. 사랑이 있고, 서로 소통하고, 서로 함께할 수 있는 여생이 우리 모두에게 주어지길 바란다.

삶

외로움 깨닫는 것
홀로 서서 기다리는 것
하루 하루 잘 견뎌내는 것.

이 디카시에서의 시적 화자는 삶에 대한 정의를 내려놓고 있다. 사진 속 파도는 홀로 백사장으로 달려왔다 멀어져 간다. 모래톱이 파도를 붙들어 주지도 않아 파도는 외로웠을 것이다. 저 멀리 섬도 인적이 끊긴 소식처럼 외롭게 홀로 있다. 바다로 떠나 돌아오지 않는 남편을 기다리기라도 하는 듯 섬은 홀로 있다. 백사장에 드리워진 그림자도 까맣게 아픈 등을 바닥에 뉘이며 홀로 있다. 그림자는 일어서지도 앉지도 못한 채 제 등에 몸을 포개며 홀로 있다. 그렇게 홀로 있으면서 파도와 섬과 그림자는 하루 하루를 견뎌야 한다. 그게 삶이라고 시적 화자는 에둘러 말하고 있다. 외로움의 세계를 알수록, 인생의 깊이도 알게 된다는 것일까. 파도는 하루 하루 견디는 밀물과 썰물 사이에서 여름 철새를 만나고 겨울 철새를 맞이했을 것이다. 홀로 외로움 속으로 들어가지 않았다면 철새들의 마중과 배웅도 없었을 것이다. '파도처럼 외로움을 깨닫는 것이 삶이다. 파도처럼 하루 하루를 잘 견디는 것이 삶이다. 홀로 서서 기다리는 것이 삶이다.' 이런 깨달음과 함께, 파도와 섬과 그림자, 그 속에 외로움과 삶에 대한 애틋함이 짙게 깔려 있다. 부디 우리도 파도처럼 섬처럼 그림자처럼 외로움을 잘 견뎌내는 삶이길 기도한다.

축복

마음 가득 꽃 피워 봐
저절로 향긋이 웃게 되고
온 천지가 아름답게 보여.

이 디카시에서의 시적 화자는 돼지 모양의 꽃 화분에 가득 피어 있는 꽃을 바라보며 속엣말을 하고 있다. 사진을 바라보고만 있어도 저절로 웃음이 나온다. 유머러스한 디카시다. 웃는 얼굴의 돼지 모양 꽃 화분이 마음을 즐겁게 한다. 돼지 눈에는 돼지만 보인다더니 이 사진 속 돼지는 정반대다. 돼지의 오장육부가 온통 꽃으로 피어 있다. 그 모습을 본 시적 화자는 어떤 깨달음에 이른다. 입에서 꼬무니까지 온통 꽃을 피운 돼지 꽃 화분처럼 마음 가득 꽃을 피워 보라고 말하고 있다. 그렇게 오장육부에 꽃을 피우면 온 천지가 아름답게 보일 거라고 말하고 있다. 참으로 멋진 해석이다. 독자들에게 재미있게 다가가는 디카시다. 이제부터라도 마음 가득 꽃을 피워 보자. 그러면, 저절로 향긋이 웃게 되고, 온 천지가 아름답게 보일 테니까. 마음이 어두우면 세상도 어둡다. 마음이 밝으면 세상도 밝아진다. 마음에 꽃이 피면 세상도 꽃이 피고, 마음에 향기가 흐르면 세상도 향기 가득해진다. 그리고, 온 세상이 아름답고 행복하게 보인다. 이젠 마음에 꽃을 피우면서 저 돼지 꽃 화분처럼 살아야겠다.

바벨탑

서로 키재기 한다
도대체 어디까지 높아져야
만족할 수 있단 말인가.

이 디카시에서의 시적 화자는 서로 키재기 하는 나무를 바라보며 바벨탑에 대해 생각하고 있다. 바벨탑이라는 말은 구약성서

〈창세기〉에 등장한다. 인간들이 자신의 이름을 떨치기 위해서 하늘에 닿을 만큼 높은 탑을 짓기로 하는데, 신이 인간의 오만함을 벌해 서로 말을 알아듣지 못하게 했고, 결국 탑을 끝까지 쌓지 못한 채 온 세상에 흩어졌다는 내용이다. 이 디카시 바벨탑은 인간들의 욕망에 관한 키재기 이야기다. 키재기를 한다는 뜻은 타인보다 더 우위에 서고 싶다는 마음이 깔려 있다. 남들보다 더 많은 부를 쌓기 위해 남들보다 더 가지기 위해 저 나무처럼 위로 위로 뻗어가는 욕망. 그 욕망 위에 앉아 떵떵거리는 인간들을 사진 속 나무로 에둘러 표현하고 있다. 나무의 높이가 인간들의 욕망처럼 아찔하다. 나무의 꼭대기까지 다다르기 전에는 가지도 잎도 보이지 않는다. 나무 중간 중간에 가지라도 있어야 새소리 깃들 수 있을 텐데 새소리 하나, 바람소리 하나 품을 수 없다. 나무는 자신의 욕망을 채우기 위해 초록잎 한 장 매달아 두지 않았다. 저 나무에게 가까이 다가가면 방해자를 쫓아버리기라도 하려는 듯 잔기침만 해댈 것 같다. 콜록거리는 잔기침을 온몸에 두르고 있는 듯한 저 탁하고 희뿌연 나무의 색깔이 밑둥에서 우듬지까지 진하다. 저 나무는 위로 쭉쭉 뻗어 나가다가 꼭대기에서만 겨우 나뭇가지와 잎을 매달고 있다. 마치 바벨탑 같다. 도대체 얼마나 높아야만 만족하려는지, 그 끝이 보이지 않는다. 자꾸 높아져 가려는 태도, 그 교만이 끝은 어디까지일까. 결국 교만이 다다를 수 있는 한계, 그건 하늘만이 알고 있을 것이다. 하늘의 뜻에 거역하지 않는 삶을 살아가는 게 바로 행복의 비결인 것을 왜 인간들은 잘 모를까.

날고 싶다

봄만 돌아오면
움이 돋으려는 듯
내 날갯자리가 몹시 가렵다.

이 디카시에서의 시적 화자는 개울에 서 있는 백로를 바라보고 있다. 봄이 오면 작은 깃털 같은 움이 돋아 연둣빛이 온 산야를 뒤덮는다. 그 연둣빛 봄이 오는 개울가에 시적 화자가 서 있다. 그러다가 백로를 바라보고 있다. 저 백로처럼 시적 화자도 자신의 인생 속에서 훨훨 날고 싶어한다. 새는 하늘을 나는 날개 위에 허공을 앉히고 바람까지 앉힐 줄 알아야 비로소 새인 것이다. 시적 화자도 그런 날개를 갖고 싶은 걸까. 그런 마음을 '움이 돋으려는 듯/ 내 날갯자리가 몹시 가렵다'고 에둘러 표현하고 있다. 희망이라는 움이 돋는 봄에 오늘이라는 날갯자리가 가려우니 이제 시적 화자는 날 수 있을 것 같다. 꿈을 향해 나아가다 잠시 주춤거렸던 오늘이라는 날갯자리, 사랑으로 한마음 한뜻이 되다가 잠시 간격을 두고 떨어져 있는 오늘이라는 날갯자리, 그 날갯자리가 가렵다고 한다. 봄은 이처럼 새로움에 도전하게 한다. 그래서 봄이 좋다. 이제 저 백로처럼 날개를 퍼득이며 나는 일을 하면 된다. 어쩌면, 그동안 웅크리고 있었던 마음, 세계관 등이 변화를 보이려는 듯하다. 거기에 움이 트고 창공을 날 수 있다는 의지도 생겨난다. 날갯자리가 몹시 가렵다는 건 이제 곧 깃털이 돋아 하늘을 날 수 있을 것 같다는 뜻이다. 그토록 기다리던 봄에 비상을 할 수 있을 것 같다는 뜻이다. 멋지다.

사랑이야

마음에 둥지 튼 너
차가운 가슴 부드러이 녹여 준
참 따스한 너.

이 디카시에서의 시적 화자는 수양버들을 바라보며 사색에 잠겨 있다. 수양버들 그림자는 수면에 둥지를 틀고 있고, 새는 수양버들 가지에 쉼이라는 둥지를 틀고 있다. 품고 다독이라는 물의 심성에서 편안함을 느껴서일까, 수양버들은 수면 가까이 제 가지를 늘어뜨리며 제 마음의 그림자를 수면에 둥지 틀고 있다. 동시에 수양버들에게 새들이 찾아와 둥지를 틀고 있다. 곁을 내준 수양버들의 따스한 마음씨가 이쁘다. 새들의 고단한 하룻길이 힘들지 않게 따스이 감싸준 수양버들이 멋지다. 그 수양버들을 바라보며 시적 화자는 사랑에 대해 다시 생각한다. 사랑은 이렇듯 차가운 가슴을 부드럽게 녹여주는 것이라고 해석한다. 맞다. 아내는 남편의 마음에 둥지를 틀고, 남편은 아내의 마음에 둥지를 틀고, 자식은 부모의 마음에 둥지를 튼다. 그 둥지 안에서 가슴 조이는 아픔을 내려놓고 따스함을 얻는다. 우리도 저 수양버들처럼 누군가에게 마음의 둥지를 틀 수 있도록 곁을 내준 적이 있는가라고 묻고 있는 듯하다. 시적 화자에게 어느새 다가와 마음의 둥지를 틀고 늘 그리운 존재가 되어 버린 님. 차가운 가슴, 차가운 현실, 차가운 내면까지 부드러이 녹여 주는 님. 그런 따스한 님이 있어, 행복한 시적 화자, 그게 바로 사랑이라고 단언한다. 부디 이런 사랑이 오래 오래 지속되길 빈다.

그렇고 말고

사랑 하나 벙글어져
품에 안겼다
온 세상이
내 것이 되었다.

이 디카시에서의 시적 화자는 어버이날에 선물 하나를 받는다. 그게 바로 손주이다. 사랑은 내 핏줄일 때 엄청난 힘을 발휘한다. 손주와 나는 따로 떨어진 각사의 몸이 아닌 혈육으로 이어진 한몸인 것이다. 주고 또 주어도 다시 샘솟는 사랑. 주는 것 자체만으로도 행복한 사랑. 줄 수 있는 대상인 손주가 있다는 것만으로도 즐거운 사랑. 손주 몸에 쓰여진 '어버이날 선물은 나'라는 말에 고개가 절로 끄덕여진다. '그렇고 말고'라는 말이 순산석으로 툭 튀어나온다. 제목을 재미있게 잘 지었다. 손주를

임신했다는 자녀의 반가운 소식을 듣는 순간부터 어버이날 선물은 손주인 것이다. 눈맞춤하고 옹알이하는 매 순간이 선물인 것이다. 사진 속 손자는 큰 글씨가 쓰여진 꽃 한송이로 피어나 방안에 서 있다. 노란빛으로 눈맞춤하는 개나리처럼, 붉은 입술 열며 옹알이하는 진달래처럼 화사하게 피어나 서 있다. '어버이날 선물은 나' 이렇게 씌여진 동그라미 글자를 달고 서 있다. 시적 화자는 이를 보고 사랑 하나 벙글어져 있다고 표현하고 있다. 손주에게서 온 그 사랑이 품에 안기자, 온 세상이 내 것이 된 양 행복하다. 손주에 대한 지극한 사랑이 잘 표현되어 있다. 이게 디카시의 매력이 아닐까. 가슴속까지 따스함이 스며들어와 영혼까지 훈훈하게 해준다.

우물 안 개구리처럼

저 조그만 곳에서
잘났다고 큰소리 쳤지.

이 디카시에서의 시적 화자는 비행기에서 내려다본 도시를 보면서 크게 반성하고 있다. 어찌 저토록 조그만 곳에 살면서, 잘났다고 큰소리치며 살았을까, 한심해 한다. 그동안 우물 안 개구리처럼 살아온 자신이 어리석었다고 깨닫는다. 개굴 개굴 개굴 개굴 귀청 떨어질 듯 개구리가 운다. 당신이 틀렸다며 개굴 개굴 내가 더 잘났다며 개굴 개굴 운다. 내가 더 똑똑하니 저 자리는 내가 차지해야 한다며 개굴 개굴. 개굴 개굴 울다 보면 내 차지가 된다는 건가. 우물 안 개구리 울음 소리는 자신의 귀청을 더 자극해 감정은 극단으로 치닫게 한다. 입으로 내뱉는 개굴 개굴 소리가 자신의 귀로 돌아와 심장을 자극하고 마음을 자극해 한 쪽 방향으로 더 기울게 한다. 그렇게 기울어진 감정과 마음으로는 자신을 객관화할 수 없다. 자신을 객관화하기 위해서는 시적 화자처럼 위에서 내려다볼 줄 알아야 한다. 무엇을 위해 안간힘 쓰며 살았는지 뒤돌아봐야 한다. 개굴 개굴 우는 몸의 힘을 뺄 줄 알아야 한다. 잘났다고 큰소리치는 힘을 뺄 줄 알아야 한다. 잘났다고 우는 개굴 개굴 소리를 잠재우면 연잎 위로 또르르 구르는 물방울 소리가 들릴 것이다. 내 안의 목소리도 들릴 것이다. 타인의 작은 목소리에도 귀기울일 것이다. 이제라도 마음을 키우고, 시야를 키우고, 가슴도 키워야겠다. 특히, 삶을 해석하는 태도, 시선을 바꿔야겠다. 보다 너른 시선으로 새롭게 사물과 세상을 해석하고 바라봐야겠다. 자꾸 연습하다 보면, 어느 땐가는 온 세상을 꿰뚫어 보는 선각자가 될 수 있겠지.

네모의 꿈

그 옛날 가득 채웠던 영광
곳곳에서 노래하던 환희
다 어디로 갔는가
이제 텅 빈 추억뿐.

이 디카시에서의 시적 화자는 정자 내부를 들여다보며 한마디 하고 있다. 조선 시대 문인들이 여름을 나기 위해 머물렀을 저 공간, 시조를 읊고 우정을 쌓고 세월을 낚았을 저 공간, 풍류와 낭만이 머물렀을 저 공간. 그 공간 속에서 시적 화자는 가고 없는 네모의 꿈을 읽는다. 네모라는 말 속에는 몸과 마음을 깨끗이 하고 의관을 정비한 뒤 책을 읽었을 문인들의 모습이 담겨 있는 듯하다. 반듯한 문인처럼 각이 잡힌 저 내부의 공간이 넘치지도 부족하지도 않아 보인다. 한때 문인들의 꿈이 익어 영광스런 나

날들이 가득 채워졌을 것이다. 곳곳에서 칭송하는 말들이 환희로 넘쳐났을 것이다. 하지만 세월은 흘러 다 사라지고 텅 빈 추억만 끌어안은 네모의 꿈만 덩그러니 남아 있다. 한때 시끌벅적 사람 사는 것처럼 북적였던 그 시절이 다 어디로 갔단 말인가. 이제 저토록 텅 빈 추억만 남아 있을 뿐, 허허로운 마음이 더욱 쓸쓸하기만 하다. 한때는 반듯한 문인처럼 네모의 꿈이라도 있었는데, 지금은 그것마저 사라졌으니, 세월의 무상함이 느껴져 슬프지 않을 수 없다. 다시 그 영화로움을 되찾을 수 있다면 얼마나 멋질까. 긴긴 세월과 손잡고 꿈들이 이어갔을 저 공간, 이제는 모두 뿔뿔이 흩어져 바람소리만 중얼거리고 있다.

무엇 하나

아무리 황홀한 영화 누린들
온 나라 차지하고 호령한들
높은 빌딩 너른 집 배불린들.

이 디카시에서의 시적 화자는 무덤과 비석을 바라보면서 사색에 잠겨 있다. '무엇 하나'라는 제목 속에서 시적 화자의 달관적인 태도가 엿보여 멋스럽다. 인생을 살아가면서 자신의 길을 걷는 방향성이 분명해질 수 있는 계기는 무엇일까. 직업도 가족도 그 방향성을 잡는 데 한몫하겠지만 무엇보다도 죽음을 염두에 두고 있으면 그 방향성이 분명해진다. 죽음에 대해 정확히 인식할 때 자신이 자신의 이름으로 분명하게 살 수 있고 자신만의 길이 선명해질 수 있다. 우리는 죽음을 염두에 두어야 내 삶을 완성의 길로 끌고 갈 수 있다. 자신의 길이 불분명하고 부정확할 때 죽음에 대해 생각해 보자. 죽음은 피해야 할 대상이 아니라 마주보고 들여다보며 얘기를 걸어야 할 대상이다. 좁고 어두운 내 발바닥을 벗어나서 살아갈 수 없듯이 죽으면 우리는 무엇 하나 가지고 갈 수 없다. 죽음 저 너머 또 다른 싱싱한 죽음의 세계가 있다는 말을 들어본 적이 없다. 한 번뿐인 이번 생에서 우리는 가능하면 완성의 길로 가도록 노력해야 한다. 삶이라는 마지막 꽃이 지기 전에 최선을 다해 화사하게 피어나야 한다. 아무리 황홀한 영화를 누린들 무엇하랴, 지금은 저리 무덤 속에 가 있는 것을. 온 나라 차지하고 호령한들 무엇하랴, 지금은 죽어 백골이 되었는데. 아무리 높은 빌딩과 너른 집을 소유하고 배불리 산들 무엇하랴, 지금은 형체 없는 몸이 되어 땅속에 있는 것을. 인생을 길게 멀리 바라보고 있는 시적 화자가 매우 성숙해 보인다. 철없는 마음이 갑자기 경직되어, 초라한 가슴을 움켜쥐는 듯하다.

노심초사

다 내어 주고픈 마음
자식들 어찌될까
근심 걱정하다가 그만
노부부 가슴속 다 녹아 버렸다.

이 디카시에서의 시적 화자는 노부부의 심경을 대변해 주고 있다. 한 시대의 유물처럼 세월에 삭고 삭아 녹아 버린 것이 사진 속에 있다. 구멍이 숭숭 뚫린 저 빈 공간, 골다공증으로 시큰거리는 인생이라는 뼈 같은 저 빈 공간, 다 내주고 텅 비어 버린 노년의 가슴 같은 것이 사진 속에 있다. 저렇게 다 녹아 버릴 때까지 얼마나 많은 세월이 흘러갔을까. 한때는 햇살의 간지럼에 깔깔깔 웃고, 바람의 노랫소리에 춤을 추고, 펑펑펑 내리는 함박눈에 환호성을 지르며 행복했을 텐데 이제는 모두 다 녹아 버렸다. 시적 화자는 그 모습이 모든 걸 나 내주고 가슴까지 녹아 버린 노부부 같다며 안타까워하고 있다. 노부부와 연관 짓는 따스한 시선이 멋지다. 어느 부모가 자식들에게 몸과 마음과 재산을 다 내주고 싶지 않겠는가. 뭐든 내어 주고 또 내어 주고 싶은 것이다. 하지만 오로지 자식들 걱정하다 그만 가슴속이 다 녹아 버렸으니, 어쩌면 좋단 말인가. 사진 속 텅 빈 두 모습이 가슴속이 다 녹아 버린 노부부의 모습과 어쩜 이리 닮아 있을까. 자식을 사랑하는 노부부라면 쉽게 공감할 것 같다. 이제는 빈 가죽만 남은 우리의 부모님들이 떠올라 가슴이 아리다.

알고 싶다

당신의 깊은 마음속에는
무엇 무엇이 담겨 있는지
지금 당장 들어가 보고 싶다.

이 디카시에서의 시적 화자는 바다를 바라보면서, 문득 님 생각에 잠긴다. 저 바닷속에는 망망대해를 누비는 고래가 살고 있을 것이다. 뜨거운 숨으로 솟구치는 열정의 고래, 깊고 푸른 바다를 가르며 나아가는 희망의 고래, 해일 속에서도 꿋꿋한 의지의 고래가 살고 있을 것이다. 그리고 저 바닷속에는 수줍음 많은 붉은 산호초도 있을 것이다. 시적 화자는 당신의 깊은 마음속에도 저 고래처럼 열정과 희망으로 똘똘 뭉친 그 무엇이 있을 것 같다고 느껴서일까. 아니면, 붉은 산호초처럼 수줍은 설렘이 있다고 느껴서일까. 사랑하는 님의 모든 것을 궁금해하고 있다. 님의 마음속에도 시적 화자의 그리움처럼 잔잔한 물결체 그리움이 있으면 좋을 텐데, 님의 마음을 알 수 없으니 답답하다. 님에게도 보고픔으로 밤을 지샌 심해 같은 기다림이 있을까 궁금한 것이다. 사랑의 시작 단계에서는 모든 게 다 궁금하다. 얼마큼 나를 보고 싶어하는지, 내 생각은 하는지, 물결의 미세한 흔들림처럼 모든 게 궁금하다. 시적 화자는 지금 이 시간 오로지 님의 깊은 마음속으로 들어가 보고 싶어한다. 그 안에는 무엇 무엇이 담겨 있을까. 지금 당장이라도 알고 싶다고 고백하고 있다. 실제로 사랑하는 사람의 가슴속은 광활한 바다와 같다. 그 안에 무엇이 들어 있을까 너무나 궁금하다. 여하튼 사랑을 시작한 시적 화자가 부럽다. 함께 바다의 지느러미처럼 물결을 만들며 사랑의 항해를 멋지게 하길 바란다.

그대여

이시 오세요
제 맘 닫히기 전에
이제나 저제나
이렇게 애타게 기다리고 있어요.

이 디카시에서의 시적 화자는 살짝 열려져 있는 철문을 바라보며 님을 생각하고 있다. 시적 화자는 사랑하는 님에게 열렬히 사랑 고백을 하고 있다. 문이 닫히면 아무리 당신이 열려고 해도 사랑의 문은 열리지 않을 것이니 문이 닫히기 전에 어서 오라고 말하고 있다. 육중한 저 철문, 쉽게 열리지 않을 것 같은 저 철문, 당신만을 위해 열어 놓은 저 철문. 저 철문이 열렸으니 이제 당신만 들어오면 된다. 철문을 열기 위해 노력할 필요도 없다. 그냥 당신은 뚜벅뚜벅 걸어서 들어오면 된다. 당신을 사랑할 준비가 다 되어 있으니, 당신의 지나온 삶을 다 품을 수 있으니 저 철문으로 들어오기만 하면 된다. 이 얼마나 멋진 사랑 고백인가. 조건을 따지지도 환경을 재지도 않는 저 사랑 고백이 열린 철문처럼 멋스럽다. 용기 내어 사랑 고백하는 시적 화자가 부럽다. 사랑을 하면 마음 따로 몸 따로 행동할 필요가 없다. 사랑은 쉽게 오지 않기에 용감하게 먼저 고백해야 한다. 시적 화자는 이렇게 사랑 고백이라는 철문을 열어 놓고 있다. 그것도 매일 매일 열어 놓고 있다. 님을 애타게 기다리면서. 초조히 기다리는 마음은 엿보이는데, 어쩐지 좀처럼 닫히지는 않을 것 같다. 아니, 어쩌면 독한 마음 먹고 닫혀질지 모른다는 긴장감도 감돈다. 부디 저 문이 닫히기 전에 님이 찾아와 주었으면 좋겠다.

자화상

완성되지 못한 채
뜨락에 서서
반세기를 살아낸 너
아직도 꿈꾸고 있나.

이 디카시에서의 시적 화자는 만들다 만 돌확을 바라보며 자신의 내면을 투루하고 있다. 미완성의 돌확, 이미 오래된 돌확, 아직은 가능성 많은 내일이 있을 것 같은 돌확이 마당 한 켠에 놓여 있다. 시적 화자는 세월의 더께가 껴 있는 그 돌확이 자화상 같다고 느낀다. 내일을 꿈꾸는 희망들로 가득찬 시적 화자의 내면이 보이는 듯해 멋지다. 쓰임이 다해 뒤란으로 밀려난 돌확이 아닌 아직도 꿈을 꾸는 돌확으로 자신과 오버랩시키는 연결성이 멋스럽다. 생의 마지막 날까지 우리는 저 돌확처럼 꿈을 꾸어야 한다. 사랑의 완성을 향해서, 꿈의 완성을 향해서 나아가야 한다. 사진 속의 담벼락이 정갈한 것을 보면, 돌확이 있는 저 집은 아주 잘살았던 것 같다. 거기 뜨락에 서 있는 돌확, 무려 반세기를 그대로 서 있는 돌확, 누가 자신을 완성해 주기를 오늘도 기다리고 있는 듯하다. 부디 누군가가 나타나, 미완성작인 돌확을 다듬어 주어, 제대로 된 돌확을 만들어 줄 수는 없을까. 시적 화자는 저 돌확처럼 완성을 향해 나아가고 싶어한다. 나이가 많다고 환경이 안 좋다고 꿈을 접은 사람들에게 많은 생각을 하게 하는 시다. 지금까지 살펴본 것처럼, 고명순 시인의 디카시들은 사물에 대한 감사의 마음, 따스한 마음이 스며들어 있어, 감동을 준다. 인생을 여러 각도로 바라보며, 스케치하고 다듬고 해석하고 이미지로 구현하고, 시적 형상화로 빚어 놓는 흐름이 멋스럽다. 되도록 인간의 감정, 그 아름다움, 그 숨결, 그 곡선을 포착하여, 독자 앞에 선보이는 모든 시들이 독자들을 행복하게 해준다. 주제가 생경하게 모습을 드러나지 않도록 에둘러 표현하고, 그림 그리듯 이미저리를 동원하고, 리듬 위에 올려놓아 호수의 잔물결처럼 다가오게 하고, 시적 형상화의 미적 가치 안에 담아 놓은 시심들이 시를 대하는 독자들을 감동시켜 준다. 사진들도 소재가 다양하고, 초점도 잘 맞춰 전체적으로 깔끔하다. 대각선 구도도 좋다. 표현하고자 하는 시와 잘 어루어져 디코럼의 진수를 보여 준다. 제목도 시와 사진을 품어 안아 조화로움을 이룬다. 읽어 가는 내내 입가에 미소가 지어지고, 행복감이 등줄기를 타고 내린다. 시가 있어 좋고, 사진이 있어 좋고, 상징적인 제목이 곁에 있어 좋은 디카시와 사진시, 앞으로 우리 독자들을 아주 많이 기쁘고 행복하게 해줄 것 같은 예감이 든다. 부디 회갑 때만이 아니라 칠순, 팔순, 구순 때도 여전히 시 창작 활동을 활발히 하여, 제3시집, 제4시집을 펴내기를 소망한다. 오래 오래 건강하여, 127세까지 장수하길 빈다.

- 나팔꽃 줄기가 뜨락을 온통 덮고 있는 날에

한실문예창작 지도 교수 박 덕 은